PAIDEIA
ÉDUCATION

MIXTE
Papier issu de sources responsables
Paper from responsible sources
FSC® C105338

ÉMILE ZOLA

J'accuse

Analyse littéraire

© Paideia éducation.

22 rue Gabrielle Josserand - 93500 Pantin.

ISBN 978-2-7593-0338-0

Dépôt légal : Septembre 2023

Impression Books on Demand GmbH

In de Tarpen 42

22848 Norderstedt, Allemagne

SOMMAIRE

- Biographie d'Émile Zola 9

- Présentation de *J'accuse* 15

- Résumé de l'article 19

- Les raisons du succès 25

- Les thèmes principaux 29

- Étude du mouvement littéraire 33

- Dans la même collection 37

BIOGRAPHIE
D'ÉMILE ZOLA

Émile Zola est né à Paris le 2 avril 1840. Il est le fils d'un émigrant italien et brillant ingénieur venu s'installer en 1843 à Aix-en-Provence afin de construire un système de barrages et canal pour alimenter la ville en eau. Le père Zola décède en 1847 laissant derrière lui une veuve sans ressource. Après la mort de Francesco Zola, la famille vient s'installer à Paris et supporte une situation matérielle de plus en plus critique.

Au collège déjà, Émile Zola annonce les prémices d'une carrière d'écrivain, il accumule les lectures et se forge une culture littéraire mais lorsqu'il entre au lycée Saint-Louis à Paris, la maladie et le dépaysement provoqué par l'arrivée dans la capitale surpeuplée, perturbent le jeune homme qui échoue au baccalauréat et abandonne ses études. Il fait alors la difficile expérience de l'entrée dans le marché du travail sans expériences ni qualifications.

Il est rapidement fasciné par Paris, ses transformations (notamment les travaux d'Haussmann), ses spectacles et son charme.

Il se lie d'amitié avec de jeunes peintres tels que Cézanne, Pissarro, Guillemet, Monet et Manet qui se distinguent par une nouvelle manière de peindre et dont il s'inspirera d'ailleurs dans ses longues descriptions.

Émile Zola entre dans la maison d'édition Hachette en 1862 où il est engagé comme employé au bureau de publicité ce qui lui offre l'opportunité d'entrer en relations avec des personnages influents dans l'univers de la presse.

Il commence à écrire pour certains journaux, il est engagé par *Le Petit Journal* et par *Le Salut public* de Lyon.

Il s'émancipe enfin et décide de vivre de sa plume. Il devient critique littéraire et artistique puis journaliste politique.

En effet, il s'intéresse de manière très précise à l'histoire politique du pays comme en témoigne ses allusions à l'empereur dans ses romans. Il collabore avec les journaux d'opposition en 1868.

Le journaliste-écrivain entreprend une fresque romanesque à l'image de *La Comédie Humaine* de Balzac en 1867.

Il épouse sa compagne Alexandrine Meley en 1870.

L'œuvre des *Rougon-Macquart* écrite sous le régime même dont il évoque l'avènement, retrace la vie d'une famille ambitieuse issue d'une misérable province qui déborde d'appétits et qui s'insère dans la foule de faussaires partie à la conquête des richesses et plaisirs de l'or et de la chair de Paris.

Il s'agit ainsi de s'immiscer dans la société du second Empire, depuis le Coup d'Etat du 2 décembre 1851 à la défaite de Sedan en 1870 à travers l'histoire d'une famille.

Le premier volume, *La Fortune des Rougon*, commence à paraître en feuilleton dans *Le Siècle*, puis se succède *La Curée* en 1872, *Le Ventre de Paris* en 1873, et *La Conquête de Plassans* en 1874.

Il écrit roman sur roman et donne pour titre à cette grande fresque celui d'*Histoire naturelle et sociale d'une famille sous le Second Empire*.

Avec son roman *L'Assommoir* qui paraît en feuilleton dans *Le Bien Public* puis dans *La République des lettres* en 1876, l'écrivain atteint en quelques mois la célébrité. En effet, son œuvre est reçue avec succès mais subit des coupes fréquentes.

L'écrivain s'impose progressivement dans le courant du naturalisme, il se fait observateur de la société et des hommes de son temps.

Émile Zola écrit par moyenne un roman par an, autant de chef-d'œuvre qui se succèdent avec *Germinal* en 1885, *La Terre* en 1887, *La Bête Humaine* en 1890, *L'Argent* en 1891, et *Le Docteur Pascal* pour finir en 1893.

Zola se lance alors dans une nouvelle série avec *Lourdes* (1884), *Rome* (1896) et *Paris* (1898).

Il s'engage par la suite dans « l'affaire Dreyfus » et ce fait défenseur du capitaine accusé à tort d'espionnage en faveur de l'Allemagne. Il publie alors le célèbre *J'accuse* dans *L'Aurore* en 1897 ce qui lui vaut une condamnation d'un an d'emprisonnement et une lourde amende.

Émile Zola finit par s'exiler en Angleterre. Il meurt le 29 septembre 1902 laissant planer derrière lui le mystère d'une mort accidentelle ou provoquée puisqu'il meurt asphyxié. Les cendres d'Emile Zola sont transférées au Panthéon le 4 juin 1908.

PRÉSENTATION DE J'ACCUSE

Le célèbre article d'Émile Zola « J'accuse » est publié le 13 Janvier 1898 dans le journal *L'Aurore* dans un numéro spécial.

L'écrivain engagé espère ainsi rendre possible la médiatisation du procès du capitaine pour donner raison de l'innocence de Dreyfus accusé à tort de relations suspectes avec l'Empire Allemand. Le but de Zola est de toucher à une forme de diffusion massive : « Je veux publier cette lettre en brochure d'un prix modique, afin qu'elle soit largement diffusée » pour ainsi susciter l'émotion du peuple et espérer un retournement de situation et la condamnation des vrais coupables et des éventuels complices.

Le retentissement est immédiat, les placards sur les murs de Paris et les 100 000 exemplaires vendus créent l'évènement et les conséquences qui s'en suivent. « J'accuse n'avait pas seulement déchaîné un flot humain, aux abords du Palais, mais suscité des bouleversements intimes, brisé des amitiés de longue date et crée de violentes ruptures familiales », écrit Eugène Fasquelle.

En effet, l'article est pour le moins audacieux, le titre provocateur dont l'idée émane de Clemenceau retentit comme un coup d'éclat au sein de la société de la fin du XIXe.

Alors que Zola s'engage dans une véritable plaidoirie contre l'Injustice et l'antisémitisme, l'affaire Dreyfus prend une tout autre dimension et se dresse rapidement en conflit social et politique.

Zola touche ainsi des thèmes évocateurs de la société du XIXe tel que la corruption et l'antisémitisme. Cette mise en accusation directe et franche de l'État-major le fait condamner à une lourde amende et à un an d'emprisonnement.

RÉSUMÉ DE L'ARTICLE

Après avoir acquis la conviction profonde de l'innocence du capitaine, Zola se lance dans un réquisitoire contre l'Injustice qui lui est faite.

Il retrace dans un premier temps l'affaire et les accusations portées à l'encontre du capitaine. En effet, le capitaine Dreyfus de confession juive est accusé de haute trahison au profit de l'empire Allemand.

Après la découverte d'un bordereau, les doutes se portent sur lui. Il est très vite accusé sans que les preuves soient nécessairement palpables mais l'écrivain s'en indigne.

C'est son devoir de citoyen qui le pousse à dénoncer cette injustice : « Mon devoir est de parler, je ne veux pas être complice. Mes nuits seraient hantés par le spectre de l'innocent qui expire là-bas, dans la plus affreuse des tortures. »

Il dévoile ainsi la vérité sur la condamnation du capitaine Dreyfus et sur ce qu'il nomme une « erreur judiciaire ». Il évoque entre autre les supercheries et les méthodes d'intimidation subies par le capitaine et son entourage notamment son épouse.

L'écrivain souhaite se reposer sur des informations fiables et ne cesse d'argumenter comme en témoignent les expressions suivantes : « Et il suffit, pour s'en assurer, d'étudier attentivement l'acte d'accusation, lu devant le conseil de guerre », ou encore, « il est à remarquer », etc.

Si Émile Zola souligne les contradictions et les paradoxes du conseil de guerre et de ces accusations infondées, il rappelle aussi les circonstances de l'affaire et dénonce ceux qu'ils pensent être les véritables coupables : « Un homme néfaste a tout mené, a tout fait, c'est le lieutenant-colonel du Paty de Clam, alors simple commandant. Il est l'affaire Dreyfus tout entière. »

L'écrivain parle avec répugnance d'un roman-feuilleton

imaginé par le lieutenant-colonel du Paty de Clam même pour protéger Estérhazy le véritable coupable. En pleine chasse aux « sales juifs » le choix de la condamnation s'est porté tout naturellement sur le capitaine Dreyfus.

Émile Zola en vient à la révélation de la trahison du commandant Estérhazy. Cette information est rendue possible par la découverte d'une lettre télégramme adressée au commandant Esthérazy par un agent de la puissance étrangère.

Après une telle découverte, le lieutenant-colonel Picquart soumet ses soupçons à ses supérieurs ce qui provoque l'ouverture d'une enquête qui dure de mai à septembre 1896. La vérité éclate dans ce cercle fermé et rapidement la décision d'étouffer l'affaire est prise.

Pour le Général Gonse, le général Billot et le général Boisdeffre, nul doute à propos du bordereau retrouvé c'est bien de l'écriture d'Esthérazy qu'il s'agit mais la réputation et la crédibilité de l'État Major est en jeu, reconnaître la culpabilité d'Esthérazy revient à innocenter Dreyfus et ainsi à reconnaitre la possible erreur judiciaire commise par l'Etat Major.

Cette option est d'hors et déjà écartée mais le temps à raison de ces hommes qui se rendent coupables d'un silence criminel.

Engagés dans cette tournante, ces membres de l'État major en voulant préserver l'honneur du conseil de guerre préfèrent condamner un innocent plutôt que d'admettre l'erreur judiciaire.

L'écrivain se veut déterminer, et n'hésite pas à clamer son écœurement pour cette pseudo justice : « Comprenez-vous cela ! Voici un an que le général Billot, que les généraux de Boisdeffre et Gonse savent que Dreyfus est innocent, et ils ont gardé pour eux cette effroyable chose ! »

Il s'offusque de ce qu'il nomme un roman-feuilleton qui met en scène des personnages caricaturaux incarnant la méchanceté.

L'écrivain se présente en effet en enquêteur, et semble retracer une histoire : « Dès lors, le duel va avoir lieu entre le lieutenant-colonel Picquart et le lieutenant-colonel du Paty de Clam, l'un le visage découvert, l'autre masqué. »

Il démythifie l'État major qui est finalement composé de membres corrompus, ainsi Picquart présenté par Zola comme un honnête homme qui insiste auprès de ses supérieurs pour que la vérité éclate est très rapidement envoyé en Tunisie pour éviter tout scandale.

Le ton de l'écrivain est alarmant, il s'indigne de ces mensonges et du principe de justice souillé par la condamnation d'un innocent.

Zola tente de faire transparaître par le biais d'une ponctuation appuyé (exclamations), et de tournures métaphoriques son engagement personnel (on note l'emploi de la première personne du singulier).

Il donne un véritable dynamisme à son discours, ce qui offre l'impression d'une insistance, d'une volonté impressionnante de convaincre le lecteur de l'évidence de l'innocence de Dreyfus.

Émile Zola n'hésite pas à donner de sa propre personne, à s'impliquer personnellement dans cette affaire au risque de se mettre en danger.

Après avoir exposé son idéal de justice et sa passion pour la vérité à travers un certain lyrisme qui rappelle au lecteur ses talents d'écrivain, il conclut ainsi son texte par une succession d'accusations directes qui feront de ce discours un texte emblématique et incontournable.

Sur un ton catégorique et avec une assurance ressentie,

Zola s'engage dans une file d'accusations, « J'accuse… ».

L'emploi de la première personne traduit un engagement personnel fort et une impression de défie vis-à-vis de ses adversaires.

L'écrivain met à l'œuvre ses talents d'écriture pour faire de ce texte une plaidoirie pour la justice et contre l'antisémitisme avec une éloquence oratoire remarquable.

LES RAISONS
DU SUCCÈS

Le célèbre article de Zola réagit à la condamnation du capitaine Dreyfus accusé à tort d'espionnage au profit de l'Allemagne.

En effet tout porte à croire qu'il s'agit d'un complot monté de toute pièce par les membres de l'État-major.
Mais si la ruse et les stratagèmes ont eut raison du peuple il n'en va pas de soi concernant Zola qui entasse les informations à propos du procès et s'engage dans une véritable enquête.
Après une étude approfondie des détails du procès de 1894 et des informations fournies par Sheurer-Kestner et Bernard Lazare, les deux principaux défenseurs de l'interné, l'écrivain se décide à médiatiser son engagement personnel qui s'explique par une conviction acquise de l'innocence du capitaine.
Et c'est après avoir écrit un article en 1896, « Pour les Juifs », qu'il écrit sur un ton polémique et déterminé « J'accuse » en 1898.
L'article étonne par la vigueur que l'écrivain laisse volontairement transparaître mais surtout par sa position. La suite d'accusations lancée par l'écrivain brise le silence et les doutes qui planent autour de l'accusation de Dreyfus.
En effet, Émile Zola se lance dans une protestation enflammée dans laquelle il dénonce les individus qui sont selon lui à l'origine de ce complot.
La succession de « j'accuse » qui conclut l'article bien qu'elle soit réfléchie est audacieuse puisque l'auteur dénonce les rouages de l'État-major.
Ces accusations remettent en question l'honneur des conseils de guerre perçus jusque là comme intouchables.
L'article crée l'évènement et répond au but visé. Zola s'adresse au président pour faire selon lui jaillir la vérité

mais il le fait sous couvert du public (c'est une lettre ouverte) chez qui il espère susciter autant d'indignation.

Les réactions après la publication de l'article restent cependant partagées et dressent le camp des dreyfusards et des antidreyfusards.

LES THÈMES PRINCIPAUX

L'article de Zola se métamorphose en réquisitoire contre l'Injustice. Son engagement répond à un amour de la justice souillé par une affaire horrible qui condamne l'innocent et innocente le coupable.

L'écrivain ne manque pas de clamer son attachement à la vérité : « Et c'est à vous, monsieur le Président que je la crierai, cette vérité, de toute la force de ma révolte d'honnête homme. »
Son engagement osé serait donc dicté par son devoir de citoyen de faire jaillir la vérité et à ne pas faillir à sa mission d'honnête homme de dénoncer le coupable (comme en témoigne la répétition « c'est lui »).
Ainsi, Zola dénonce sur un ton énergétique et virulent les injustices faites au capitaine Dreyfus et critique la corruption et les agissements de certains membres de l'État Major (tel que l'intimidation, les mensonges, l'orchestration d'un complot, etc…) qui participent à la souillure du gouvernement.
L'écrivain use de tournures métaphoriques et hyperboliques pour exprimer sa passion de la vérité et son cri de révolte.
Avec une certaine éloquence, il défend un idéal de justice qu'il redessine sous les yeux du président et du peuple prit comme témoin.

Émile Zola s'attaque aux dérives de l'antisémitisme. Le capitaine Dreyfus de confession juive devient le bouc émissaire de l'Etat Major.

Les preuves fournies contre lui qui appuient la thèse d'une éventuelle trahison semblent relever de l'imaginaire ou du ridicule : « Dreyfus sait parler plusieurs langues, crime ; on n'a trouvé chez lui aucun papier compromettant, crime ; il va parfois dans son pays d'origine, crime [...] il ne se trouble pas, crime; il se trouble, crime. »

Son unique tort est d'être juif et l'écrivain dénonce avec répugnance l'antisémitisme qui envahit le personnel de l'État major qui n'hésite pas à condamner un homme innocent.

Cette lettre ouverte tend également à dénoncer les actes antisémites et inhumains qui règnent encore dans la société du XIXe siècle.

ÉTUDE DU MOUVEMENT LITTÉRAIRE

Émile Zola se situe dans le courant du naturalisme qui s'impose dans la seconde moitié du XIXe siècle.

En effet, la littérature de la seconde moitié du XIXe siècle est dominée par le naturalisme développé à partir de 1865 dans la mouvance du réalisme.

Le naturalisme est marqué par les progrès de la recherche scientifique (les ouvrages de Louis Figuier, les travaux en médecine de Claude Bernard, la théorie de Darwin diffusée à partir de 1862) et le traité de Zola, *Le Roman expérimental* en 1880 dans lequel l'auteur expose sa propre vision du naturalisme.

Le courant est incontestablement marqué par les travaux du docteur Lucas, *Traité philosophique et physiologique de l'hérédité naturelle* (1847-1850) à partir duquel les naturalistes s'inspirent pour transposer dans le roman même les lois de l'hérédité et du milieu sur les individus.

Il s'agit ainsi de démontrer la transmission héréditaire d'une fatalité biologique au sein d'une même famille et de mettre en évidence le contexte familial dans lequel évolue l'individu.

Les naturalistes s'attachent par ailleurs à décrire les fléaux sociaux comme l'alcoolisme ou la prostitution comme dans *L'Assommoir* par exemple et à souligner les malheurs du peuple accentués par l'urbanisation et le capitalisme naissant.

Le naturalisme se démarque aussi par la pratique de l'enquête préparatoire et l'usage du document au sein même de l'œuvre.

De même l'amplification épique dans la représentation des lieux et des personnages est un des procédés propres aux naturalistes.

Vivre de sa plume dans la seconde moitié du XIXe siècle

n'est pas chose simple, les rémunérations offertes par les librairies éditeurs aux romanciers sont très variables. Elles s'élèvent à quelques centaines de francs pour une première œuvre à 300 000 francs pour ce qui peut être considéré comme un chef-d'œuvre (*Les Misérables* de Victor Hugo).

Les romanciers ne jouissent pas tous comme Flaubert de ressources personnelles conséquentes leur permettant de vivre décemment, souvent ils accumulent des fonctions diverses, celle de journaliste, de critique artistique ou littéraire.

Dans le meilleur des cas, le romancier parvient à vivre de ses récits qu'il vend en feuilletons à une presse.

DANS LA MÊME COLLECTION
(par ordre alphabétique)

- **Anonyme**, *La Farce de Maître Pathelin*
- **Anouilh**, *Antigone*
- **Aragon**, *Aurélien*
- **Aragon**, *Le Paysan de Paris*
- **Austen**, *Raison et Sentiments*
- **Balzac**, *Illusions perdues*
- **Balzac**, *La Femme de trente ans*
- **Balzac**, *Le Colonel Chabert*
- **Balzac**, *Le Lys dans la vallée*
- **Balzac**, *Le Père Goriot*
- **Barbey d'Aurevilly**, *L'Ensorcelée*
- **Barbey d'Aurevilly**, *Les Diaboliques*
- **Bataille**, *Ma mère*
- **Baudelaire**, *Les Fleurs du Mal*
- **Baudelaire**, *Petits poèmes en prose*
- **Beaumarchais**, *Le Barbier de Séville*
- **Beaumarchais**, *Le Mariage de Figaro*
- **Beauvoir**, *Mémoires d'une jeune fille rangée*
- **Beckett**, *Fin de partie*
- **Brecht**, *La Noce*
- **Brecht**, *La Résistible ascension d'Arturo Ui*
- **Brecht**, *Mère Courage et ses enfants*
- **Breton**, *Nadja*
- **Brontë**, *Jane Eyre*
- **Camus**, *L'Étranger*
- **Carroll**, *Alice au pays des merveilles*
- **Céline**, *Mort à crédit*
- **Céline**, *Voyage au bout de la nuit*

- **Chateaubriand**, *Atala*
- **Chateaubriand**, *René*
- **Chrétien de Troyes**, *Perceval*
- **Cocteau**, *Les Enfants terribles*
- **Colette**, *Le Blé en herbe*
- **Corneille**, *Le Cid*
- **Crébillon fils**, *Les Égarements du cœur et de l'esprit*
- **Defoe**, *Robinson Crusoé*
- **Dickens**, *Oliver Twist*
- **Du Bellay**, *Les Regrets*
- **Dumas**, *Henri III et sa cour*
- **Duras**, *L'Amant*
- **Duras**, *La Pluie d'été*
- **Duras**, *Un barrage contre le Pacifique*
- **Flaubert**, *Bouvard et Pécuchet*
- **Flaubert**, *L'Éducation sentimentale*
- **Flaubert**, *Madame Bovary*
- **Flaubert**, *Salammbô*
- **Gary**, *La Vie devant soi*
- **Giraudoux**, *Électre*
- **Giraudoux**, *La Guerre de Troie n'aura pas lieu*
- **Gogol**, *Le Mariage*
- **Homère**, *L'Odyssée*
- **Hugo**, *Hernani*
- **Hugo**, *Les Misérables*
- **Hugo**, *Notre-Dame de Paris*
- **Huxley**, *Le Meilleur des mondes*
- **Jaccottet**, *À la lumière d'hiver*
- **James**, *Une vie à Londres*
- **Jarry**, *Ubu roi*
- **Kafka**, *La Métamorphose*
- **Kerouac**, *Sur la route*
- **Kessel**, *Le Lion*

- **La Fayette**, *La Princesse de Clèves*
- **Le Clézio**, *Mondo et autres histoires*
- **Levi**, *Si c'est un homme*
- **London**, *Croc-Blanc*
- **London**, *L'Appel de la forêt*
- **Maupassant**, *Boule de suif*
- **Maupassant**, *Le Horla*
- **Maupassant**, *Une vie*
- **Molière**, *Amphitryon*
- **Molière**, *Dom Juan*
- **Molière**, *L'Avare*
- **Molière**, *Le Malade imaginaire*
- **Molière**, *Le Tartuffe*
- **Molière**, *Les Fourberies de Scapin*
- **Musset**, *Les Caprices de Marianne*
- **Musset**, *Lorenzaccio*
- **Musset**, *On ne badine pas avec l'amour*
- **Perec**, *La Disparition*
- **Perec**, *Les Choses*
- **Perrault**, *Contes*
- **Prévert**, *Paroles*
- **Prévost**, *Manon Lescaut*
- **Proust**, *À l'ombre des jeunes filles en fleurs*
- **Proust**, *Albertine disparue*
- **Proust**, *Du côté de chez Swann*
- **Proust**, *Le Côté de Guermantes*
- **Proust**, *Le Temps retrouvé*
- **Proust**, *Sodome et Gomorrhe*
- **Proust**, *Un amour de Swann*
- **Queneau**, *Exercices de style*
- **Quignard**, *Tous les matins du monde*
- **Rabelais**, *Gargantua*
- **Rabelais**, *Pantagruel*

- **Racine**, *Andromaque*
- **Racine**, *Bérénice*
- **Racine**, *Britannicus*
- **Racine**, *Phèdre*
- **Renard**, *Poil de carotte*
- **Rimbaud**, *Une saison en enfer*
- **Sagan**, *Bonjour tristesse*
- **Saint-Exupéry**, *Le Petit Prince*
- **Sarraute**, *Enfance*
- **Sarraute**, *Tropismes*
- **Sartre**, *Huis clos*
- **Sartre**, *La Nausée*
- **Senghor**, *La Belle histoire de Leuk-le-lièvre*
- **Shakespeare**, *Roméo et Juliette*
- **Steinbeck**, *Les Raisins de la colère*
- **Stendhal**, *La Chartreuse de Parme*
- **Stendhal**, *Le Rouge et le Noir*
- **Verlaine**, *Romances sans paroles*
- **Verne**, *Une ville flottante*
- **Verne**, *Voyage au centre de la Terre*
- **Vian**, *L'Arrache-cœur*
- **Vian**, *L'Écume des jours*
- **Voltaire**, *Candide*
- **Voltaire**, *Micromégas*
- **Zola**, *Au Bonheur des Dames*
- **Zola**, *Germinal*
- **Zola**, *L'Argent*
- **Zola**, *L'Assommoir*
- **Zola**, *La Bête humaine*
- **Zola**, *Nana*
- **Zola**, *Pot-Bouille*